Fränggische Weihnachd

Die allerschennsde Gschichd der Weld

KARL-HEINZ RÖHLIN

Mit Bildern des Vereins „Bamberger Krippenfreunde"

Freimund-Verlag

Bibliographische Information der Deutschen Nationalbibliothek
Die Deutsche Nationalbibliothek verzeichnet diese Publikation in der Deutschen Nationalbibliografie; detaillierte bibliografische Daten sind im Internet über http://dnb.d-nb.de abrufbar.

Karl-Heinz Röhlin

Fränggische Weihnachd

Die allerschennsde Gschichd der Weld

Mit Bildern des Vereins „Bamberger Krippenfreunde"

ISBN 978 3 946083 42 9

www.freimund-verlag.de / kontakt@freimund-verlag.de

Cover: Foto: Mario Lorenz (Erlangen), Figuren: Max Huscher, Gestaltung: Peter Reus (Altdorf)
Konzept und Gestaltung: Silvia Bachl
Gesamtherstellung: Freimund-Verlag, Neuendettelsau

Inhalt

Geleitwort 5

Vorwort 9

Vorschbruch 13

Die allerschennsde Gschichd der Weld 17

- Wos die Brofeedn gseeng hom 18
- Der Engl Gabriel bo der Maria 22
- Maria bo der Elisbeth 26
- Der Josef suchd die Maria 29
- Der Weech nooch Bethlehem 32
- Die Geburd 38
- Die Härdn af dem Feld 41
- Underweechs zur Gribbm 45
- Anbeedung der Härdn 49

Härdnlied 53
Die Härdn gebm die Bodschafd weider 56
Beschluss 59
Friednslied 61

Das Weihnachtsevangelium nach Lukas 64
Der Verein Bamberger Krippenfreunde 70
Die abgebildeten Krippen 72
Danksagung 74

Geleitwort

Liebe Leserinnen, liebe Leser,

„Die wahre Heimat ist eigentlich die Sprache." – Wie Recht Wilhelm von Humboldt mit diesem Ausspruch hat, wird uns vor allem dann bewusst, wenn uns an einem Ort auf der Welt, an dem wir es nun wirklich nicht erwartet hätten, plötzlich „unser" Dialekt zu Ohren kommt.

Der Dialekt ist dann wie eine augenzwinkernde Grußbotschaft von einem Menschen zum anderen. Er stiftet Verbindung zwischen Menschen, die sich nicht kennen und erinnert an die gemeinsame Heimat. Der Dialekt ist ein gutes, ein besonders wertvolles Stück Geborgenheit.

Diese Geborgenheit spürt, wer Karl-Heinz Röhlins „Frängglische Weihnachd" liest. Mit ihr hat der ehemalige Nürnberger Regionalbischof ein Buch vorgelegt, das bei der Lektüre einen besonderen Klang entfaltet und Lust macht auf mehr. Mit Gespür und Gefühl erzählt Röhlin eine Geschichte nach, die Kindheitserinnerungen weckt und uns wie die Sprache schon ein Leben lang begleitet. Wie die Sprache gehört das Weihnachtsfest zu unserer kulturellen Identität. Es feiert das Leben, gibt Orientierung und Halt. Auch wenn Josef, Maria und das Christuskind keine fränkischen Wurzeln haben. Ihre Geschichte ist zutiefst menschlich, so dass sie gerade auch im fränkischen Dialekt die Herzen der Menschen berührt.

Dr. Günther Beckstein

Jede Provinz liebt ihren Dialekt,
denn er ist eigentlich das Element,
in dem die Seele ihren Atem schöpft.

J. W. von Goethe

Vorwort

Von den Geschichten der Bibel gehört die Weihnachtsgeschichte zu den bekanntesten. Weltweit sind das Kind in der Krippe, Maria und Josef sowie die anbetenden Hirten vertraute Figuren. Künstler und Künstlerinnen haben sie voll Hingabe gemalt, in großartigen Oratorien besungen, kunstvoll aus Holz geschnitzt, wie die in diesem Buch abgebildeten Krippen der *Bamberger Krippenfreunde* vor Augen führen. Auch in Mundart wurde und wird die Geschichte von der Geburt Christi immer wieder erzählt und in Weihnachtsspielen dargestellt.
Warum berührt die Weihnachtsgeschichte auch heute noch so viele Menschen? Thomas Mann spricht in seinem Josephs-Roman vom „Fest der Erzählung". Der Mensch lebt von Geschichten, den großen Erzählungen der Heiligen Schrift und den kleinen Geschichten des Lebens. Die großen Erzählungen stellen den Einzelnen in einen geschichtlichen und kulturellen Zusammenhang. Sie stiften Gemeinschaft, erweitern den persönlichen Horizont und zeigen die göttliche Dimension des Lebens. Eben dies tut die Weihnachtsgeschichte. Sie knüpft an die alten Verheißungen des Volkes Israel an und deutet die Geburt Christi als Heilstat Gottes.

Sehnsucht nach Frieden und Heil sind Themen der Weihnachtsgeschichte. Sie sind Themen unseres Lebens.
Ein weiterer Grund für die Popularität der Weihnachtsgeschichte: Sie handelt nicht nur von der Gottesgeburt, sondern von tiefen, menschlichen Erfahrungen, von Ohnmachtsgefühlen, von Sorgen der Eltern um ihre Kinder. Eben diese Erfahrungen und die damit verbundenen Gefühle lassen sich gut in Mundart aussprechen. Die Mundart ist ja die Sprache der Kindheit, des Vertrauens, der Empfindungen. Es ist gut, diese Sprache nicht zu verlernen. Gott und die Welt sollen wir gewiss mit unserem Verstand betrachten, aber auch mit den „Augen des Herzens" sehen. Wer mit Fränkisch als Muttersprache aufgewachsen ist oder Sympathie für diese Mundart hegt, dem kann die „Fränggische Weihnachd" helfen, die Geburt Christi mit den „Augen des Herzens" neu zu erleben.

Weihnachten 2019 *Dr. Karl-Heinz Röhlin*

Vorschbruch

Die allerschennsde Gschichd der Weld,
die mir jeedsmool widder gfälld,
des is die Gschichd vo Bethlehem.
Der Lukas hod´s uns weidergebm.

Er woar a ganz a gscheider Moo,
doo gibd´s goar kann Zweifl droo.
Sugoar mier derhamm in Franggn,
kenna blooss dem Lukas danggn.

Af fränggisch wolln mer zu eich bringa,
die Weihnachdsgschichd und Lieder singa.
Mier kenna ja ned andersch schbrechn,
sunsd däd mer uns die Zunga brechn.

Hogg dich her und horch schdill zu,
kumm a bisserla zur Ruh,
schbür die Sehnsuchd in deim Herzn,
wärm dich doo am Lichd der Kerzn.

Der Herrgodd will, dass alle Leid,
ned blooss edzd in der Weihnachdszeid,
die Bodschafd hörn und widder hoffm:
„Für mich is aa der Himml offm."

Die allerschennsde Gschichd der Weld

Wos die Brofeedn gseeng hom

Der Jesaja in Jerusalem
hod Frevl über Frevl gseeng.
Wo er hieschaud – Luuch und Druuch.

Der Können läsderd geecher Godd,
dreibd mid der Wohrheid Hohn und Schbodd.
An seine Händ gleebd Blud.

Die Hofbeamdn sän korrubd.
Sie verschleidern Schdeiergelder,
sorng am liebsdn für sich selber,
grood su gehd jeedes Land kabudd.

Die Richder machn grood wos wolln,
blooss ned des, wos machen solln.
Sie sän beschdochn und bescheissn
arme Widwen und die Waisn.

Und die Briesder – schaua zu!
Die wolln im Dembl blooss ihr Ruh,
denna obfern und laud beedn,
obber kamm ins Gwissn reedn.

Der Brofeed konn´s nemmer seeng.
Er drauerd um Jerusalem.
Bis Goddes Geisd durch ihn verschbrichd:
„Des Volch im Finsdern sichd a Lichd
und alle, die im Dunggln hoggn,
wern bald jauchzn und frohloggn."

Aa der Micha sichd an kumma,
der schdrohld heller, wie die Sunna.
In Bethlehem wärd der geborn,
den Godd hod selber auserkoorn.

Der Engl Gabriel bo der Maria

In Nazareth zu derer Zeid
lebd die Maria, fromm und gscheid.
Sie kochd derhamm, versorchd die Viecher,
zwaa Schoof, die Henna und den Giecher.

Ihr Bräudigam is Zimmermoo,
a junger Kerl, der ärbern koo.
Der hoobld, hämmerd, sächd und schwidzd,
aa bo der allergrässdn Hidz.

An am Oomd in der Dämmerung
budzd die Maria grood die Schdumm,
doo wärd´s ganz hell und af amool
is der Engl Gabriel doo.

Der grüssd und sochd ganz unumwundn:
„Maria, Gnade hosd du gfundn.
Goddes Geisd wärd dich erfassn,
doodraf konnsd du dich verlassn.“

Die Maria is derschroggn.
Af den Schregg muss sie sich hoggn.
„Wos is doo loos? Wos soll des wern?
Ich – erwähld vo unserm Herrn?“

Der Engl obber sochd zu ihr:
„Hob ka Angsd, Godd is mid dir.
Maria, du wärsd schwanger wern
und an glanna Boum gebärn.

´Jesus`sollsd den Glanna nenna,
die ganze Weld wärd den bald kenna.“
Der Maria wärd´s ganz bang!
Sie woar no mid kamm Moo ned zam.

Sie konn des alles ned rechd glaam.
Ihr kummd des fasd vur wie a Draam.
Nooch anner Waal denggd sie sich schdill:
„Mir gschichd, wie unser Herrgodd will."

Maria bo der Elisabeth

Wie der Engl ganga woar,
doo wärd der Maria gloar:
„Ich sooch nu nix zu meine Leid.
Des hod scho nu a wengla Zeid.“

Der Josef is aa ned derhamm.
Drum baggd´s ihre Sachn zam,
verlässd des glanne Nazareth
und wanderd zur Elisabeth.

Die nemmd´s af mid offne Arm.
Der Maria wärd´s ganz warm.
Vill hom´s zu reedn, die zwaa Weiber,
ihrn Kummer gebm´s anander weider.

Die Maria quäln vill Froong:
„Wos wärd der Josef derzu soong,
wenn gloar is, dass ich schwanger bin!
Schdäd der zu mir und zu dem Kind?
Wärd unser Bou in Friedn lebm?
Wärd´s widder Griech in Juda gebm?“

Die Maria find ka Ruh,
geduldi horchd die Lisbeth zu.
Scho bald muss die Maria zrigg.
Sie hom sich numool richdi driggd.

Zum Abschied sochd die Lisabeth:
„Grüss deine Leid in Nazareth.“

Der Josef suchd die Maria

Derhamm, der Josef, machd sich Sorgn.
Vur am Johr is sei Vadder geschdorm.
Sei alde Mudder härd ned rechd.
Sie sichd fasd nix und läffd arch schlechd.

Und edz is die Maria ford,
haud einfach ab und sochd ka Word.
„Hoffendli is nix bassierd,“
sochd sei Mudder leis und frierd.

Der Josef suchd edz ieberool
im Dorf und drund im Ezerdool.
Er frochd die Leid im Haus dernebm:
„Hobd ihr die Maria gseeng?“

Doo fälld dem Josef blödzli ei:
Sie kennerd bo der Lisbeth sei.
Er ziechd suford sei Jaggn oo
und läffd zur Lisbeth und ihr´m Moo.

Scho singgd im Wesdn rood die Sunna,
doo sichd er die Maria kumma.
Langsam läffd´s und singgd derbei
„Maria!“ laud der Josef schreid,
rennd ihr endgeeng su schnell er koo,
nemmd´s in die Arm und is gscheid froh.

Sie hom sich lang und länger driggd
und goar nix mehr gsochd vur lauder Gligg.

Der Weech nooch Bethlehem

Zu derer Zeid regierd in Rom
Augustus af dem Kaiserdrohn.
Der hod a Schädzung schdreng befohln,
damid die Leid mehr Schdeiern zohln.

A fier´n Josef doud des geldn,
in Bethlehem soll er sich meldn,
denn sei Vadder kummd vo dord.
Am nächsdn Dooch scho will er ford.

Lässd er edzd die Maria hoggn?
Wo die Leid su garschdi schboddn?
Wie der Josef sichd ihrn Schmerz,
bringd er des ned ieber´s Herz.

Die Maria is gscheid froh,
dass mid ihrm Josef midgeh koo.
Sie sochd zu ihm: „Ward, ich kumm glei!
Ich bagg nu wos zu Essn ei!“

Vier Dooch lang sän´s midnander gloffn.
Sie hom an Haufn Menschn droffn.
Am erschdn Dooch hod alles bassd.
Sie kumma weid. Sie hom ihrn Schbass.

Am zweidn Dooch hod´s leider grenggd
und der Josef is rechd grennd.
Die Maria hinderher,
häld ihrn Bauch und schnaufd arch schwer.

Sie is badschnass. Ihr fehld die Grafd,
grood amool die Hälfd hom´s gschaffd.
Am driddn Dooch, su geecher zwaa,
hoggd die Maria af am Schdaa.

Die Dräna drobfn af ihr Gnie,
leise sochd´s: „Ich schaff des nie!“
Der Josef: „Edz is nemmer weid,
ruh dich aus und lass der Zeid!“

Am värdn Dooch hom´s endli gseeng,
die Häuser kurz vur Bethlehem.
Sie sän hundsmüd und hom an Hunger,
doch närcherdswu sän´s underkummer.

Närcherds gibd´s a Nachdquadier,
in Bethlehem ka offne Dür.
Der anne Wärd sochd: „Schleichd´s eich – weider!
Mier braung eich ned ihr Hungerleider!“

A andrer schreid: „Haud suford ab,
sunsd bringd mei Hund eich scho af Drabb.“
Aa Wärd hod sich dann doch derbarmd,
schiggd´s in sein Schdall, doo is schee warm.

Die Geburd

Wie die Maria lichd im Schdroh,
gänga scho die Weha oo.
Zerschd nu schwach, noo immer schdärcher,
wern die Weha immer ärcher.

Nooch zwaa Schdundn is suweid.
Die Maria greind vur Schmerz und Freid.
Sie nemmd den Glanna af´m Arm.
An ihrm Busn hod er´s warm.

Sie wiggld ihn in Windln ei
und leechd nern in die Gribbm nei.
Leise summd´s a Melodie.
Sie is su gliggli wie nu nie.

Für´n Josef is des wie a Wunder.
Er schluggd seine Dräna nunder
und sochd: „Maria, du hosd´s gschaffd,
der Bou, der is a wahre Brachd!“

Im Schdall der Esl neebern Ox
schdelld die Ohrn und wieherd kurz.
Der Ox, der brummd sei „Muuh“ derzu,
noo endli is im Schdall a Ruh.

Die Härdn af dem Feld

Bo Bethlehem in derer Nachd
hom Härdn ihre Schoof bewachd.
Sie woarn a weng am Feuer gsessn,
hom wos drunggn und wos gessn.

Der Eli hod a Gschichd derzilld.
Der Michl af der Flödn gschbilld.
Der Arno hod derzu wos gsunga,
arch schräch hom seine Lieder glunga.

Der Hund af seiner Deggn zidderd,
ärcherd wos hod der edzd gwidderd,
winsld leis, läffd af und ab,
wos der Hund af amool hod?

Doo wärd´s am Himmel bledzli hell.
Der Hund jauld af und belld und belld.
Die Härdn schloong die Händ vur´s Gsichd,
su blended sie des grelle Lichd.

Der Michl, der rennd gleich dervu,
verlierd derbei sein rechdn Schuh.
Der Arno schreid: „Edzd müss mer schderbm!
Die Erdn beebd und mir verderbm.“

Doo rufd a laude Englschdimm:
„Färchd eich ned! Ich verkünd
die aller, allergrässde Freid,
erfohrn solln des bald alle Leid.

Der Heiland is für eich geborn,
den Godd hod selber auserkoorn.
Des Zeichn für eich is a Kind,
des ihr in anner Gribbm find.“

Af amool bo dem Engl woar,
aa ganz aa grosse Englschoar.
Die hom Godd gloobd und jubilierd.
Ihr Freid, die hod mer deidli gschbierd.

Underweechs zur Gribbm

Kaum woar der Engl Lob verhalld,
woar´s schdoggfinsder und saukald.
Die Härdn hod´s die Schbrooch verschloong,
kanner konn edzerd wos soong.

Nooch anner Waal hom sie sich gfassd.
Der Michl sochd: „Des is ka Schbass!
Ich geh nei nooch Bethlehem.
Ich will den Heiland selber seeng!“

Der Eli maand: „Ich konn´s ned fassn!
Wer soll noo af die Schoof afbassn?“
Der Arno sochd: „Des machd der Hund!
Der bassd scho af die halbe Schdund.“

Der Michl widder: „Dend ned schdreidn.
Mier sollerd´n uns vurbereidn.
Wos schengg mer denn dem glanna Kind?
Wos für Gschengg hod denn an Sinn?

Ich hob´s! – Ich nemm mei Lederkissn,
suwos wärd des Kind vermissn.
Aa a Schoofskäs und a Brood
hilfd denne gwiess in ihrer Nood."

„Hald" sochd der Arno: „Aa mei Deggn
doo ich in mei Daschn schdeggn.
Und derzu a Gaggerla
für des glanne Waggerla."

Endli sän´s noo losmarschierd.
A Schdern am Himml hod sie gführd.
A värdl Schdund sän´s grennd und gloffn.
Underweechs hom´s ned vill gschbrochn.

Anbeedung der Härdn

Der Josef hod´s vo weidm gseeng,
die Härdn kurz vur Bethlehem.
Für Reiber hod er die drei kaldn.
Angsd hod er vur denne Gschdaldn.

Er hod sich glei an Brügl kolld
und gschria: „Hald! Soochd, wos ihr wolld!
Ihr kennd scho in den Schdall neischaua.
Bo uns gibd´s obber nix zu glaua."

Die Härdn denna freindli biddn:
„Führ uns doch hie zu derer Gribbm.
Mier wolln dem Kind die Ehr erweisn
und unsern Heiland lobm und breissn."

Der Josef führd´s zur Gribbm hie.
Die Härdn singgn in die Gnie.
Vur lauder Freid is ihr Herz gschbrunga.
Am liebsdn häddn´s glei wos gsunga.

In der Gribbm lichd der Bou.
Er schaud die Härdn ganz ruich oo,
mid seine groosn Kinderaung,
grood su, als däd er goar nix braung.

Die Maria hoggd nebn droo.
Glanz blass schaud sie die Härdn oo,
wie die nu immer af die Gnie,
leeng leise die Gschengge hie.

Der Michl schbilld a Härdnlied,
die andern Härdn singa mid.
Su schee hom die nu nie wos gsunga,
wunderboar hod ihr Lied glunga.

Härdnlied

(Melodie: Evang. Gesangbuch 324)

Mier singa dir mit Herz und Mund,
mid unsrer rauha Schdimm.
Mier machen af der Ärdn kund:
Du bringsd uns Heil und Sinn.

Du bisd des Lichd in dunggler Nachd,
die Wohrheid und der Weech.
Du bisd die Sunna, die uns lachd,
su sochd scho der Brofeed.

Nehm unsere Gschengge oo.
Den Schoofskäs und des Brood.
Die leeng doo neeber dir im Schdroh,
wenn´s schimmln, wär´s echd schood.

Noch wos verschbrechn mier zum Schluss
an deiner Gribbm dir:
Wenn anner dir wos oodoo will,
rufsd uns, noo kumma mier.

Edz obber schloof, mier mässn zrigg,
zu unsre Schoof im Bferch.
Mier wünschn dir nu rechd vill Gligg!
Schloof ei und mach ka Gwerch!

Die Härdn gebm die Bodschafd weider

Su nooch ner goudn halbm Schdund
hörn die Härdn belln ihrn Hund.
Der Arno sochd: „Edzd mäss mer zrigg!
Mier wünschn eich nu rechd vill Gligg.“

Schnell sind´s zu ihrer Herdn gloffn.
Der Hund hod´s scho vo weidm grochn.
Ruich im Bferch sän alle Schoof.
Die Härdn braung edzerd ihrn Schloof.

Am nächsdn Dooch noo gänger´s glei,
in der Früh nooch Bethlehem nei.
Sie gebm die frohe Bodschafd weider.
Ned alle glaam den Härdn! – Leider!

Die anna soong: „Die Härdn schbinna!
Sie solln uns erschd Beweise bringa!
Die hom z´vill gsuffm alle drei.
Wenn´s ned afhärn, schberr mer´s ei!“

Die andern soong: „Vielleichd hom´s rechd!
Wos sie soong, glingd doch ned schlechd.
Vielleichd find anner doch des Kind,
in der Fuddergribbm drin.“

Dem Herodes seine Schergn
denna sich des alles mergn.
Sie meldn nooch Jerusalem,
wos die Härdn von sich gebm.

Die Härdn obber bleim derbei.
Sie falln ned um, soong frangg und frei:
„Mier hom nix gsuffm. Mier sän nüchdern.
Mier lassn uns vo kamm eischüchdern.

Wos mier gseeng hom, hommer gseeng,
in derer Nachd in Bethlehem.
Mier glaam die Engl und dem Kind,
des der Weld den Friedn bringd.“

Beschluss

Die Gschichd von Jesus hod ka End
mit dem neia Desdamend.
Sie gehd weider heidzudooch,
des is für mich wergli ka Frooch.

Für dich und mich wärd Godd geborn.
Er hod uns alle auserkorn.
In dir und mir kummd Godd af´d Weld,
wemmer des doo, wos´m gfälld.

Unsern Nächsdn ned verledzn,
af Godd unser Verdraua sedzn.
Die Nood vo arme Kinder lindern,
Missbrauch und Gewald verhindern.

Für andre beedn und verzeiha,
Friedn schdifdn, gern wos leiha.
Kurz gsochd:
Für andre des doo, wos mier wolln,
dass die aa für uns doo solln.

Wenn des su is in unserm Lebm,
noo is ned weid nooch Bethlehem!
Wo Godd sich glaa machd in äm Kind,
damid die Weld ihrn Friedn find.

Friednslied

Friedn für Kinder in Gaza und Rom,
in Rio, in Islamabad,
dass sie ned gschloong wern odder derfriern.
Jeeds Kind goude Freind hod.

Friedn für´n Achmed im Basar vo Kabul,
der gern sein Dee dringgd und rauchd,
dass er und seine Kinder derlebm:
Der Derror in Kabul hörd auf.

Refrain:
Den Friedn, mei Freind,
den brauchd die ganze Weld.
Den Friedn, den brauchd die ganze Weld.

Friedn für alle im Julius-Schbidool,
für Grangge im Schdaddgranggnhaus.
Friedn für den Moo af der Wachschdazion,
hoffendli kummd der doo bald raus.

Friedn in Schwobach, in Schniegling und Schdaa,
in Anschbach und Postbauer-Heng.
Friedn für unsere Nachbern nebmdroo,
in unsre eigne vier Wänd.

Refrain:
Den Friedn...

Der Friedn, mei Freind,
kummd aa durch dich und mich.
Der Friedn kummd aa durch dich und mich.

Das Weihnachtsevangelium

nach Lukas 1, 26-45; 2, 1-21

Die Ankündigung der Geburt Jesu

Und im sechsten Monat wurde der Engel Gabriel von Gott gesandt in eine Stadt in Galiläa, die heißt Nazareth, zu einer Jungfrau, die vertraut war einem Mann mit Namen Josef vom Hause David; und die Jungfrau hieß Maria. Und der Engel kam zu ihr hinein und sprach: Sei gegrüßt, du Begnadete! Der Herr ist mit dir! Sie aber erschrak über die Rede und dachte: Welch ein Gruß ist das? Und der Engel sprach zu ihr: Fürchte dich nicht, Maria! Du hast Gnade bei Gott gefunden. Siehe, du wirst schwanger werden und einen Sohn gebären, dem sollst du den Namen Jesus geben. Der wird groß sein und Sohn des Höchsten genannt werden; und Gott der Herr wird ihm den Thron seines Vaters David geben, und er wird König sein über das Haus Jakob in Ewigkeit, und sein Reich wird kein Ende haben. Da sprach Maria zu dem Engel: Wie soll das zugehen, da ich doch von keinem Manne weiß? Der Engel antworte-

te und sprach zu ihr: Der Heilige Geist wird über dich kommen, und die Kraft des Höchsten wird dich überschatten; darum wird auch das Heilige, das geboren wird, Gottes Sohn genannt werden. Und siehe, Elisabeth, deine Verwandte, ist auch schwanger mit einem Sohn, in ihrem Alter, und ist jetzt im sechsten Monat, sie, von der man sagt, dass sie unfruchtbar sei. Denn bei Gott ist kein Ding unmöglich.
Maria aber sprach: Siehe, ich bin des Herrn Magd; mir geschehe, wie du gesagt hast. Und der Engel schied von ihr.

Marias Besuch bei Elisabeth

Maria aber machte sich auf in diesen Tagen und ging eilends in das Gebirge zu einer Stadt in Juda und kam in das Haus des Zacharias und begrüßte Elisabeth. Und es begab sich, als Elisabeth den Gruß Marias hörte, hüpfte das Kind in ihrem Leibe. Und Elisabeth wurde vom Heiligen Geist erfüllt und rief laut und sprach:

Gesegnet bist du unter den Frauen, und gesegnet ist die Frucht deines Leibes! Und wie geschieht mir, dass die Mutter meines Herrn zu mir kommt? Denn siehe, als ich die Stimme deines Grußes hörte, hüpfte das Kind vor Freude in meinem Leibe. Ja, selig ist, die da geglaubt hat! Denn es wird vollendet werden, was ihr gesagt ist von dem Herrn.

Jesu Geburt

Es begab sich aber zu der Zeit, dass ein Gebot von dem Kaiser Augustus ausging, dass alle Welt geschätzt würde. Und diese Schätzung war die allererste und geschah zur Zeit, da Quirinius Statthalter in Syrien war. Und jedermann ging, dass er sich schätzen ließe, ein jeglicher in seine Stadt. Da machte sich auf auch Josef aus Galiläa, aus der Stadt Nazareth, in das judäische Land

zur Stadt Davids, die da heißt Bethlehem, darum dass er von dem Hause und Geschlechte Davids war, auf dass er sich schätzen ließe mit Maria, seinem vertrauten Weibe; die war schwanger.
Und als sie daselbst waren, kam die Zeit, dass sie gebären sollte. Und sie gebar ihren ersten Sohn und wickelte ihn in Windeln und legte ihn in eine Krippe; denn sie hatten sonst keinen Raum in der Herberge.
Und es waren Hirten in derselben Gegend auf dem Felde bei den Hürden, die hüteten des Nachts ihre Herde. Und des Herrn Engel trat zu ihnen, und die Klarheit des Herrn leuchtete um sie; und sie fürchteten sich sehr. Und der Engel sprach zu ihnen: Fürchtet euch nicht! Siehe, ich verkündige euch große Freude, die allem Volk widerfahren wird; denn euch ist heute der Heiland geboren, welcher ist Christus, der Herr, in der Stadt Davids. Und das habt zum Zeichen: Ihr werdet finden das Kind in Windeln gewickelt und in einer Krippe liegen.
Und alsbald war da bei dem Engel die Menge der himmlischen Heerscharen, die lobten Gott und sprachen: Ehre sei Gott in der Höhe und Friede auf Erden bei den Menschen seines Wohlgefallens.

Und da die Engel von ihnen gen Himmel fuhren, sprachen die Hirten untereinander: Lasst uns nun gehen gen Bethlehem und die Geschichte sehen, die da geschehen ist, die uns der Herr kundgetan hat. Und sie kamen eilend und fanden beide, Maria und Josef, dazu das Kind in der Krippe liegen. Da sie es aber gesehen hatten, breiteten sie das Wort aus, welches zu ihnen von diesem Kinde gesagt war. Und alle, vor die es kam, wunderten sich über die Rede, die ihnen die Hirten gesagt hatten. Maria aber behielt alle diese Worte und bewegte sie in ihrem Herzen. Und die Hirten kehrten wieder um, priesen und lobten Gott für alles, was sie gehört und gesehen hatten, wie denn zu ihnen gesagt war.

Der Verein Bamberger Krippenfreunde

100 Jahre – auf eine so lange Vereinsgeschichte kann der Verein *Bamberger Krippenfreunde* inzwischen zurückblicken. 1919 von einigen krippenbegeisterten Bamberger Bürgern begründet, hat sich die Tradition bis heute fortgesetzt. Ziel der über 300 Mitglieder ist es, die Krippenbautradition zu erhalten und fortzuführen. Neben den Monatstreffen organisiert der Verein jährlich zwei Krippenausstellungen in der Bamberger Maternkapelle. Eine findet immer in der Osterzeit statt. In dieser Ausstellung werden Passionskrippen gezeigt, die das Leiden und Sterben Jesu in Szene setzen. Fester Bestandteil in der Advents- und Weihnachtszeit ist die Ausstellung von Weihnachtskrippen, ebenfalls in der Maternkapelle. Mehrere Tausend Besucher bestaunen in jedem Jahr die jeweils neu gestalteten Darstellungen. Die ausgestellten Kippen stammen von Vereinsmitgliedern, die diese meist selbst bauen und inszenieren. Daneben werden auch historische und internationale Krippen ausgestellt.

1977 wurde in Bamberg eine der ersten Krippenbauschulen vom Verein der Krippenfreunde gegründet. Hier können Interessierte nach Ihren eigenen Vorstellungen Krippen bauen, die sie dann bei sich zuhause in der Weihnachtszeit ausstellen.

Marcus Gessner, Vorsitzender

Weitere Informationen zum Verein finden Sie auf:
www.krippenfreunde-bamberg.de

Die abgebildeten Krippen

Seite 17: Geburt Christi an der Stadtmauer, Gesamtgestaltung: Peter Reus (Altdorf), Foto: Mario Lorenz (Erlangen)

Seite 19: Die Könige vor Herodes, Gestaltung: Karl-Heinz Exner (Bischberg), Foto: Mario Lorenz (Erlangen)

Seite 23: Verkündigung an Maria, Andreas Ultsch (Bamberg), Foto: Mario Lorenz (Erlangen)

Seite 27: Maria bei Elisabeth, Walter Hamatschek (Bamberg), Bauten und Gestaltung: Dr. Johannes Gottanka (Erlangen), Foto: Mario Lorenz (Erlangen)

Seite 31: Der Josef suchd die Maria, Bruno Steger (Gerolzhofen), Foto: Mario Lorenz (Erlangen)

Seite 34: Auf dem Weg, Bau und Gestaltung: Antonio Pigozzi (Italien), Eigentümer: Michael Vadas (Bamberg), Foto: Mario Lorenz (Erlangen)

Seite 37: Herbergssuche in Alt-Gerolzhofen, Gesamtgestaltung: Bruno Steger (Gerolzhofen), Foto: Mario Lorenz (Erlangen)

Seite 39: Geburt Christi in der Scheune, Paul Strätz (Bamberg),
Foto: Mario Lorenz (Erlangen)

Seite 42: Verkündigung an die Hirten, Figuren: Walter Hamatschek,
Idee und Gestaltung: Heiner Deuerling (Litzendorf),
Foto: Mario Lorenz (Erlangen)

Seite 47: Underweechs zur Gribbm, Helmut Zahl (Kemmern),
Foto: Mario Lorenz (Erlangen)

Seite 50 und Cover: Heilige Nacht mit Hirtenanbetung,
Figuren: Max Huscher, Gestaltung: Peter Reus (Altdorf),
Foto: Mario Lorenz (Erlangen)

Seite 55: Hirtenkonzert, Figuren: Max Huscher,
Gestaltung: Peter Reus (Altdorf), Foto: Mario Lorenz (Erlangen)

Danksagung

Wir danken der Sparkasse Nürnberg für die Unterstützung durch einen Druckkostenzuschuss und den *Bamberger Krippenfreunden* für die Fotos von Krippenfiguren und Krippenmotiven. Herzlichen Dank auch an den Freimund Verlag für die neue Konzeption des Buches und die kompetente Begleitung.

www.freimund-verlag.de